W0302289

Nicole Weber

Lernstationen Religion
Martin Luther

PERSEN

Die Autorin:

Nicole Weber arbeitet als Grundschullehrerin in Niedersachsen und veröffentlichte bereits zahlreiche Unterrichtsmaterialien für die Grundschule.

Gedruckt auf umweltbewusst gefertigtem, chlorfrei gebleichtem und alterungsbeständigem Papier.

3. Auflage 2016

Grafik: Katharina Reichert-Scarborough
Satz: Satzpunkt Ursula Ewert GmbH, Bayreuth

ISBN: 978-3-403-23364-0

www.persen.de

Inhalt

1 Einleitung

Jedes Jahr zum Reformationstag werden auch die Kinder an Martin Luther erinnert. Martin Luther begegnet ihnen in Gottesdiensten, Liedern oder Bildern. In manchen Gegenden gibt es Bräuche (z. B. das Martini-Singen), die auf ihn zurückgehen. Sein Leben und Wirken ist bis heute bedeutsam für uns.

In den vorliegenden Lernstationen soll den Kindern etwas über die Reformation und deren Bedeutung bis in die heutige Zeit hinein vermittelt werden. Sie sollen erfahren, wie sich die Gründung der evangelischen Kirche bzw. die Trennung der Christen in eine evangelische und eine katholische Kirche anbahnte. Sie sollen Gemeinsamkeiten und Unterschiede zwischen dem katholischen und dem evangelischen Glauben näher kennenlernen, denn durch Schule und Freizeit wird ihnen bereits bewusst sein, dass Christen zu unterschiedlichen Konfessionen gehören.

Bei der Beschäftigung mit Martin Luther erfahren die Schülerinnen und Schüler gleichzeitig etwas über die Lebenswelt im ausgehenden Mittelalter und können sie mit ihrer Lebenswelt in Beziehung setzen. Dabei können sie prüfen, welche wichtigen Veränderungen Luther für Kirche und Gesellschaft angestoßen hat, die bis in die heutige Zeit nachwirken.

2 Hinweise zum Umgang mit dem Material

Die „Lernstationen Religion: Martin Luther“ sind so aufgebaut, dass sie in Klasse drei und vier einsetzbar sind. Sie sollen bei der Behandlung des Themas „Martin Luther“ zur Unterstützung dienen.

Das Material ist so gestaltet, dass es zum großen Teil in der Klasse ausgelegt werden kann, um in Form einer „Lerntheke“ den Kindern zur Verfügung zu stehen. Die Aufgaben können von den Kindern selbstständig erarbeitet werden. Nach Möglichkeit sollten die Stationen der Reihe nach bearbeitet werden. Dem Buch können aber auch einzelne Arbeitsblätter entnommen werden, die – unabhängig von einem Stationslauf – im Klassenverband bearbeitet werden können.

Einige Informationstexte des Stationslaufes eignen sich dazu, sie anhand einer Lernspirale von den Kindern erarbeiten zu lassen. Für die Lernspirale müssen sich die Kinder den Text zunächst selbstständig erarbeiten, dann den Inhalt zu zweit besprechen, ihn anschließend in der Gruppe diskutieren und zuletzt im Plenum vorstellen. Für das Plenum können die erarbeiteten Informationen auf einem Plakat veranschaulicht werden.

Um am Ende der Einheit das Thema zusammengefasst vorliegen zu haben, sollten die Schülerinnen und Schüler ihre Arbeitsergebnisse jeweils in einer Extra-Mappe oder in einem Extra-Heft sammeln. Dafür bietet es sich an, die Kopiervorlage im Anhang (Seite 56) zu verwenden oder die Kinder das Deckblatt selbst gestalten zu lassen. Ihre Hefte können die Kinder dann noch selbstständig erweitern und gestalten.

Um die Kinder eindrücklich auf die Zeit Martin Luthers einzustimmen, könnte die Einheit mit der Betrachtung eines Gemäldes (z. B. von Lukas Cranach oder Albrecht Dürer) beginnen und von einer mittelalterlichen, teils mystischen und dunklen Musik untermalt werden. Die Konzentration und düstere Stimmung könnten noch durch die Verdunkelung des Klassenraumes und die Beleuchtung des Werkes unterstützt werden. Dabei ist selbstverständlich darauf zu achten, dass die Kinder keine Angst bekommen.

Zum Abschluss der Einheit oder passend zum Reformationstag könnten die Kinder einen Gottesdienst über Luther vorbereiten und durchführen. Aber auch die Gestaltung eines ökumenischen Gottesdienstes oder Festes könnte die Einheit sinnvoll abrunden.

Die Zeit, in der Martin Luther lebte

Arbeitsauftrag

- Lies dir den Infotext durch.
- Schreibe Gedanken und Ängste, die die Kinder zur Zeit Martin Luthers gehabt haben könnten, in die Denkblasen (siehe weiteres Blatt).
- Schreibe nun einige deiner Gedanken und Ängste in die Denkblasen des Kindes aus der heutigen Zeit (siehe weiteres Blatt).

Infotext

Die Zeit, in der Martin Luther lebte, war ganz anders als unsere Zeit. Es gab keinen Strom und noch kein Wasser aus der Leitung. Das Wasser musste mühsam aus Brunnen geschöpft werden.

Der größte Teil der Menschen lebte auf dem Land. Die Männer waren Bauern oder Handwerker. Die Frauen halfen bei der Feldarbeit, kochten das Essen und versorgten den Haushalt. Auch die Kinder mussten arbeiten und ihren Eltern helfen. Diese Menschen besaßen kaum etwas, verdienten nur sehr wenig Geld und sorgten sich, jeden Tag genug zu essen zu haben. Die meisten Kinder konnten nicht in die Schule gehen, da sie den Eltern bei der Arbeit helfen mussten und diese oftmals das Schulgeld nicht aufbringen konnten. Eltern waren damals sehr streng und schlugen ihre Kinder, wenn diese nicht gehorchten.

Das Land wurde von Fürsten regiert, und der Kaiser und der Papst setzten ihre Macht ein. Es kam häufiger zum Krieg.

Die Menschen zur Zeit Martin Luthers glaubten, dass Gott die Welt erschaffen hat und über sie herrschte. Sie sahen Gott als Richter, der sie für ihre Sünden auf Erden nach dem Tod bestrafen und dann in die Hölle schicken würde. Lebten sie jedoch ein frommes und gutes Leben, erwarteten sie, dass Gott sie belohnen würde, waren sich aber nicht darüber sicher, ob sie in den Himmel oder in die Hölle kommen würden. Krankheiten und Seuchen, wie etwa die Pest, hielten sie für eine Strafe Gottes. Außerdem gab es noch die Vorstellung vom Teufel.

„Die heutige Zeit“ – Material

„Luthers Zeit“ – Material

Arbeitsauftrag

- Hört euch die mittelalterliche Musik an und betrachtet dabei das Bild. Wie haben sich die einfachen Menschen, die zu dieser Zeit gelebt haben, wohl gefühlt?
- Schreibt ihre Empfindungen und Ängste unter das Bild.

Martin Luthers Kindheit und Jugend

Arbeitsauftrag

- Lies dir zuerst den Infotext durch.
- Schneide dann die Textstreifen (siehe zweites Blatt) aus und bringe sie in die richtige Reihenfolge.
- Kontrolliere anschließend mit dem Infotext.

Infotext

Martin Luther wurde am 10. November 1483 in Eisleben geboren. Sein Vater war Bergarbeiter und seine Mutter kümmerte sich um die kinderreiche Familie. Da der 11. November der Martinstag war, der Tag, an dem wir noch heute an Martin von Tours (Sankt Martin) denken, nannten die Eltern ihren Sohn Martin.

Hans und Margarethe Luther

Nachdem Martin ein Jahr alt war, zog die Familie nach Mansfeld, wo Martin seine Kindheit verbrachte und mit sechs Jahren eingeschult wurde.

Im Alter von 14 Jahren kam Martin auf eine Schule in Magdeburg. In dieser Schule mussten alle Kinder Latein sprechen. Es gingen nur Jungen zur Schule. Die Mädchen mussten den Müttern im Haushalt helfen. Luther war ein sehr fleißiger und guter Schüler. Er lernte schnell, aber er hatte viele Ängste. Er hatte z. B. Angst vor seinem Lehrer, da dieser sehr streng war. Es kam des Öfteren vor, dass der Lehrer die Schüler mit einem Stock schlug.

Mit 15 Jahren kam er nach Eisenach zur Schule und wohnte in dieser Zeit bei einer anderen Familie. Noch immer plagten ihn verschiedene Ängste. Er hatte Angst vor Krankheiten und sogar vor seinen Eltern. Am schlimmsten war aber seine Angst vor Gott, den er damals noch für sehr streng hielt.

Martin machte einen sehr guten Schulabschluss, sodass sein Vater darauf sparte, ihm ein Studium der Rechtswissenschaften zu ermöglichen.

Martin machte einen sehr guten Schulabschluss und sein Vater sparte darauf, ihm ein Studium der Rechtswissenschaften zu ermöglichen.

Mit sechs Jahren kam er auf die Schule in Mansfeld.

Martin Luther wurde am 10. November 1483 in Eisleben geboren. Sein Vater war Bergarbeiter und seine Mutter kümmerte sich um die kinderreiche Familie. Da der 11. November der Martinstag war, der Tag, an dem wir noch heute an Martin von Tours denken, nannten die Eltern ihren Sohn Martin.

Im Alter von 14 Jahren kam er nach Magdeburg in die Schule. In dieser Schule mussten die Kinder Latein sprechen. Es gingen nur Jungen zur Schule. Die Mädchen mussten den Müttern im Haushalt helfen.

Mit 15 Jahren kam Martin auf eine Schule in Eisenach. In dieser Zeit wohnte er bei einer anderen Familie. Noch immer plagten ihn verschiedene Ängste. Er hatte Angst vor Krankheiten und sogar vor seinen Eltern. Am schlimmsten aber war seine Angst vor Gott, den er für sehr streng hielt.

Nachdem Martin ein Jahr alt war, zog die Familie nach Mansfeld. Dort verbrachte Martin seine Kindheit.

Martin war ein sehr fleißiger und guter Schüler. Er lernte schnell, aber er hatte viele Ängste. Er hatte z. B. Angst vor seinem Lehrer, da dieser sehr streng war. Es kam des Öfteren vor, dass der Lehrer Schüler mit einem Stock schlug.

„Martin Luthers Kindheit und Jugend" – Material

Arbeitsauftrag

- Fülle die Tabelle aus. Vergleiche Martins Luthers Schulzeit mit deiner.

Martin Luthers Schulzeit	Deine Schulzeit
Martin hatte Angst vor seinen Lehrern.	Ich habe keine Angst vor meinen Lehrerinnen und Lehrern.

Lösung

Mögliche Eintragungen:

Martin Luthers Schulzeit	Deine Schulzeit
Martin hatte Angst vor seinen Lehrern.	Ich habe keine Angst vor meinen Lehrerinnen und Lehrern.
Martins Lehrer waren sehr streng und durften ihre Schüler sogar züchtigen (schlagen).	Meine Lehrer und Lehrerinnen sind nicht streng. Sie dürfen uns nicht schlagen.
Martin sprach in der Magdeburger Schule Latein.	Bei uns findet der Unterricht, mit Ausnahme vom Fremdsprachenunterricht, in Deutsch statt.
In die Schule gingen nur die Jungen.	In unsere Schule gehen Jungen und Mädchen.

Luthers Studium und sein Eintritt ins Kloster

Infotext

Martin Luther studierte in Erfurt Jura, weil sein Vater sich wünschte, dass er Rechtswissenschaftler würde.

Als Martin eines Abends auf dem Weg zu seinen Eltern nach Mansfeld unterwegs war, wurde er von einem heftigen Gewitter überrascht. In seiner Angst rief er nach der heiligen Anna: „Hilf du, heilige Anna, ich will ein Mönch werden."

Er blieb vom Tod verschont und als Dank für seine Rettung löste Luther sein Versprechen ein und wurde Mönch. Er wollte sich Gott nähern und ihm sein Leben ganz und gar hingeben. Deshalb trat er 1505 in ein Augustiner Kloster ein und wurde zwei Jahre später zum Priester geweiht. Sein Vater war so entsetzt über diese Entscheidung, dass er erst Jahre später wieder mit seinem Sohn sprach.

Arbeitsauftrag

- Stelle dir vor, Martin Luther habe seinen Eltern in einem Brief erklären wollen, warum er ins Kloster eingetreten war. Schreibe einen solchen Brief auf die Schriftrolle.

Liebe Eltern,

Euer Martin

Das Klosterleben

Arbeitsauftrag

- Lies dir den Tagebucheintrag durch.
- Bearbeite dann die weiteren Aufgaben der Station.

Infotext

Wie in der Schule, so war Martin Luther auch im Kloster sehr fleißig. Er wollte Gott gefallen und gab sich sehr viel Mühe, ein guter Mönch zu sein. Er legte sein Gelübde ab und verpflichtete sich damit, nicht zu heiraten, kein Geld zu besitzen und zu vielem mehr.
Die Tage bestanden aus Beten und dem Studium der Bibel. Auch wurde im Kloster sehr oft gefastet, also wenig gegessen und getrunken, um Gott näher zu sein.
Und doch war Luther nicht glücklich. Er hatte noch immer Angst vor Gott und fand nichts, womit er Gott gefallen konnte.
Du findest hier einen Tagebucheintrag von Martin Luther über das Leben im Kloster. Luther könnte über einen Tag im Kloster Folgendes in sein Tagebuch eingetragen haben:

Heute war ich den ganzen Tag sehr müde. An das frühe Aufstehen um 4.00 Uhr muss ich mich einfach noch gewöhnen. Beim anschließenden Gottesdienst war ich dann noch nicht richtig wach. Aber ich wollte auf keinen Fall während des Gottesdienstes einschlafen, so wie es Bruder Lorenzo passiert ist.

Bei der Arbeit im Klostergarten bemühte ich mich sehr, da ich der Meinung bin, dass Gott die Menschen, die besonders hart arbeiten, am meisten liebt. Auch bei der Prim, dem Morgengebet, passte ich auf, dass ich nichts falsch machte. Während der Lesezeiten beim Studium der Bibel war ich ebenfalls ganz bei der Sache. Ich muss unbedingt herausfinden, wie ich Gott am besten gefallen kann.

Leider war ich beim Mittagessen nicht so genügsam, wie ich es hätte sein müssen, und da dachte ich schon, Gott wird mich bestimmt dafür bestrafen. Ich war nämlich noch sehr hungrig, nachdem ich meine Portion aufgegessen hatte, und wollte mir von meinem Nachbarn, der seine nicht aufgegessen hatte, die Reste nehmen. Doch dann besann ich mich und tat es nicht. Auch während des Essens nicht zu sprechen, fällt mir schwer .

Während der Mittagsruhe im Zimmer schlug ich mich selbst, weil ich mein Verhalten beim Mittagessen nicht dulden konnte. Beruhigt habe ich mich bei der Arbeit im Klostergarten und nach der Vesper. Während des Studiums der Bibel war ich dann wieder ganz entspannt und begab mich erneut auf die Suche nach Antworten auf meine vielen Fragen. Meine wichtigste Frage ist noch immer: Wie schaffe ich es nur, Gott zu gefallen?

So, jetzt werde ich noch zur Mitternachtsmette gehen und dann falle ich ins Bett. Hoffentlich schlafe ich schnell ein und gerate nicht wieder ins Grübeln, da ich um 4.00 Uhr ja schon wieder aufstehen muss.

„Das Klosterleben“ – Material

Arbeitsauftrag

- Stelle dir vor, wie Martin Luther im Kloster lebt und wie sein Tagesablauf aussieht.
- Male dazu typische Situationen als Comic-Szenen zu den verschiedenen Tageszeiten in die Kästen. Was sagen die abgebildeten Personen? Schreibe die Sätze in Sprechblasen.

Zusatzaufgabe

- Verkleide dich möglichst als Mönch damaliger Zeit. Spiele deinen Mitschülern eine typische Tätigkeit pantomimisch vor und lasse sie von ihnen erraten.

Am Vormittag	**Beim Mittagessen**
Am Nachmittag	**Am Abend**

Luther auf dem Weg zu neuen Erkenntnissen

Arbeitsauftrag

- Lies dir den Infotext durch.
- Kreuze an, ob die Behauptungen (auf dem zweiten Arbeitsblatt) richtig oder falsch sind.
- Kontrolliere mit der Lösung (auf dem dritten Arbeitsblatt).

Infotext

Luther hat sich viele Gedanken darüber gemacht, was er tun kann, damit Gott ihn liebt. Er war sehr hart mit sich. Das lag an der Zeit, in der Luther lebte. Die Menschen waren damals der Meinung: Nur wer gute Taten vollbringt, wird von Gott geliebt. Darüber hat Luther lange nachgedacht. Er wollte Gott gefallen, darum hat er im Kloster oft gebeichtet und sich sogar selbst – als Bestrafung für seine Sünden – mit einem Stock geschlagen. Außerdem hat er viele Nächte nicht geschlafen, weil er so viel über das alles nachdachte. Luther fastete auch, um Gott näher zu sein, und aß und trank dabei sehr wenig. Doch hatte er nie das Gefühl, genug für Gott getan zu haben.

Römer 1,17:
„Durch die gute Nachricht machte Gott seine Treue bekannt. In ihr zeigt er, wie er selbst dafür sorgt, dass die Menschen vor ihm bestehen können. Der Weg dazu ist vom Anfang bis zum Ende das bedingungslose Vertrauen auf ihn. So steht es in den heiligen Schriften: „Wer Gott vertraut, kann vor ihm bestehen und wird leben.“

Irgendwann dann erkannte Luther plötzlich beim Studium der Römerbriefe aus der Bibel etwas sehr Wichtiges: Er erkannte, dass Gott uns Menschen liebt, ohne dass wir etwas dazu beitragen müssen. Er erkannte, dass wir Menschen Gottes Liebe nicht verdienen oder erkaufen müssen, sondern Gott uns Menschen so annimmt, wie wir sind, und es unsere Aufgabe ist, dieses Geschenk dankbar anzunehmen.

Das erzählte er auch seinen Studenten, denn er war mittlerweile Doktor der Theologie, wusste sehr viel über das, was in der Bibel stand, und lehrte an der Universität.

Luther ging es nun viel besser, seine Ängste waren verschwunden und er wollte allen Menschen von seiner Erkenntnis erzählen. So predigte er nun in den Gottesdiensten von Gottes Liebe.

Behauptungen	**richtig**	**falsch**
Luther war es völlig egal, ob Gott ihn liebt.		
Luther las nie in der Bibel.		
Luther hatte eine wichtige Erkenntnis.		
Luther hat sehr viel gebeichtet.		
In den Gottesdiensten predigte Luther von Gottes Liebe.		
Luther erkannte, dass Gott wie ein gütiger Vater ist und die Menschen liebt.		
Luther arbeitete als Rechtsanwalt.		
Seinen Studenten erzählte Luther nichts von seiner neuen Erkenntnis.		

„Luther auf dem Weg zu neuen Erkenntnissen“ – Material

Arbeitsauftrag

- Überlegt noch einmal, was Luther Wichtiges erkannt hatte.
- Schreibt diese Erkenntnis in einem Satz unter der Überschrift: „Jubelbrief“ auf.
- Wer mag, schreibt mehrere kleine „Jubelbriefe“ und verteilt sie in der Familie, unter Freunden oder auf dem Schulhof, an der Bushaltestelle, beim Sport usw., denn diese Erkenntnis gilt noch heute und ist sehr wichtig für uns.

Lösung

Behauptungen	richtig	falsch
Luther war es völlig egal, ob Gott ihn liebt.		✗
Luther las nie in der Bibel.		✗
Luther hatte eine wichtige Erkenntnis.	✗	
Luther hat sehr viel gebeichtet.	✗	
In den Gottesdiensten predigte Luther von Gottes Liebe.	✗	
Luther erkannte, dass Gott wie ein gütiger Vater ist und die Menschen liebt.	✗	
Luther arbeitete als Rechtsanwalt.		✗
Seinen Studenten erzählte Luther nichts von seiner neuen Erkenntnis.		✗

Ablasshandel

Arbeitsauftrag

- Lies dir den Infotext durch.
- Wer könnte was gesagt haben? Schneide die Sprechblasen und Personen aus dem zweiten Arbeitsblatt aus. Klebe die Behauptungen jeweils zu der passenden Person.
- Finde noch zwei weitere Behauptungen.
- Kontrolliere mit der Lösung.

Frei zitiert nach dem Ablasskrämer Johann Tetzel:
„Sobald das Geld im Kasten klingt,
die Seele in den Himmel springt."

Infotext

Luther fand heraus, dass Gott gnädig ist und die Menschen für Gottes Gnade nichts bezahlen brauchten. Die Kirche war da anderer Meinung. Menschen, die eine Sünde begangen hatten, konnten sich von ihren Sündenstrafen mit einem Ablassbrief freikaufen. Mit dem Geld aus dem Ablasshandel sollte unter anderem der Bau des Petersdoms in Rom finanziert werden.

Luther wollte den Ablasshandel unterbinden und schrieb 95 Thesen gegen den Ablasshandel auf und teilt sie wichtigen Kirchenmännern, aber auch Wissenschaftlern mit. Dass er sie am 31. Oktober 1517 höchstpersönlich an die Tür der Schlosskirche in Wittenberg angeschlagen hat, ist wohl eher eine Legende. Sicher dagegen ist, dass sich die Thesen als Kopien und Flugblätter schnell weiterverbreiteten und wie eine Bombe einschlugen.

Lösung

Anhänger Luthers

- Gott ist gnädig. Man muss nichts für Gottes Gnade tun.
- Jeder Mensch soll die Bibel selbst lesen können.
- Die Menschen sollen von der Kirche nicht mehr bevormundet werden, sondern sie sollen sich frei entfalten können.

Gegner Luthers

- Ich habe Angst, ins Fegefeuer zu kommen, wenn ich nicht genug Geld bezahle.
- Christen müssen für Gottes Gnade etwas tun.
- Der Papst sagt uns, wie wir die Bibel verstehen sollen.
- Ich sage es dem Pfarrer, wenn ich gesündigt habe, und der spricht mir dann Vergebung zu.
- Ich spreche und bete zu Gott und teile ihm meine Sünden mit.
- Die Menschen sollen sich an die Kirche und die Heiligen halten.

„Ablasshandel“ – Material

Die Menschen sollen von der Kirche nicht mehr bevormundet werden, sondern sich frei entfalten können.

Ich spreche und bete zu Gott und teile ihm meine Sünden mit.

Christen müssen für Gottes Gnade etwas tun.

Gott ist gnädig. Man muss nichts für Gottes Gnade tun.

Der Papst sagt uns, wie wir die Bibel verstehen sollen.

Die Menschen sollen sich an die Kirche und die Heiligen halten.

Ich sage dem Pfarrer, wenn ich gesündigt habe, und bitte Gott – vermittelt über ihn – um Vergebung.

Jeder Mensch soll die Bibel selbst lesen können.

Ich habe Angst ins Fegefeuer zu kommen, wenn ich nicht genug Geld an die Kirche zahle.

Gegner Luthers

Anhänger Luthers

Im Versteck: Luthers Übersetzung der Bibel

Infotext

Da die Kirche mit der Veröffentlichung der 95 Thesen nicht einverstanden war, musste Luther im Jahre 1518 zu einem Verhör. Er sollte seine Thesen vor dem Kardinal Cajetan zurücknehmen und sagen, dass sie nicht stimmten. Das wollte Luther aber auf keinen Fall. Deshalb schloss ihn der Papst schließlich aus der katholischen Kirche aus.

Luther ließ sich jedoch nicht unterkriegen. Er veröffentlichte Bücher und viele Menschen lasen seine Erkenntnisse, waren mit seinen Ideen einverstanden und fanden sie richtig gut.

1521 (drei Jahre nach dem Verhör durch Cajetan) musste Luther auf dem Reichstag in Worms sogar vor den Kaiser treten, weil auch der wollte, dass Luther alles, was er geschrieben hatte, zurücknehmen sollte. Aber auch ihm gegenüber blieb Luther standhaft und sagte: „Hier stehe ich, ich kann nicht anders." Da wurde der Kaiser wütend und erklärte Luther für „vogelfrei", sodass jeder Luther töten durfte, ohne deswegen verurteilt zu werden. Niemand durfte Luther helfen. Doch Freunde täuschten einen Überfall Luthers vor und brachten ihn auf die Wartburg, wo Kurfürst Friedrich der Weise ihn versteckt hielt. Luther lebte dort unter dem Namen „Junker Jörg".

Auf der Wartburg war Luther sicher. Er nutzte die Zeit, um das Neue Testament aus der lateinischen in die deutsche Sprache zu übersetzen. Dank der Erfindung des Buchdrucks von Gutenberg konnte diese Übersetzung rasch vervielfältigt und allen Menschen des Landes zugänglich gemacht werden. Alle sollten selbst die Bibel und die frohe Botschaft lesen können.

Martin Luther als Junker Jörg

Während Luther auf der Wartburg war, passierte im Land so einiges. Viele Prediger wollten Luthers neue Lehre verbreiten und die Menschen hörten gespannt zu. Luthers Erkenntnis von der Gnade Gottes weckte bei vielen Menschen Wut auf den Papst und die Kirche. Einige drangen in Kirchen ein und raubten wichtige Gegenstände. Das ging nicht friedlich vonstatten und es wurde viel gekämpft. Das hatte Martin Luther so nicht gewollt.

Nachdem Martin Luther die Wartburg wieder verlassen konnte, zog er durchs Land und erzählte allen Menschen von seinen Erkenntnissen. Viele fanden Luthers Glauben gut und nannten sich lutherische oder evangelische Christen. Andere entschieden sich jedoch, weiterhin dem Papst und der katholischen Kirche treu zu bleiben.

„Im Versteck" – Fragebogen

Arbeitsauftrag

- Beantworte die Fragen und kontrolliere dann mit der Lösung.

1. Was sollte Luther während eines Verhörs zurücknehmen?

____

____

2. Was machte der Papst, nachdem Luther seine Forderungen nicht erfüllte?

____

3. Wie wurde Luther durch den Kaiser bestraft?

____

4. Luther wurde auf seiner Flucht überfallen. War der Überfall echt?

____

____

5. Wo wurde Luther anschließend versteckt?

____

6. Wie wurde Luther auf der Wartburg genannt?

____

7. Was für eine wichtige Sache machte Luther auf der Wartburg?

____

8. Warum ist die Übersetzung des Neuen Testaments so eine Besonderheit?

____

____

9. Was machte Martin Luther, nachdem er wieder auf freiem Fuß war?

____

____

„Im Versteck“ – Fragebogen mit Lösung

1. Was sollte Luther während eines Verhörs zurücknehmen?

   Luther sollte seine 95 Thesen zurücknehmen und sagen, dass sie nicht stimmten.

2. Was machte der Papst, nachdem Luther seine Forderungen nicht erfüllte?

   Der Papst schloss Luther aus der Kirche aus.

3. Wie wurde Luther durch den Kaiser bestraft?

   Luther wurde für vogelfrei erklärt.

4. Luther wurde auf seiner Flucht überfallen. War der Überfall echt?

   Nein, der Überfall war vom Kurfürsten Friedrich des Weisen inszeniert worden, war also nicht echt.

5. Wo wurde Luther anschließend versteckt?

   Luther wurde auf der Wartburg versteckt.

6. Wie wurde Luther auf der Wartburg genannt?

   Er wurde dort Junker Jörg genannt.

7. Was für eine wichtige Sache machte Luther auf der Wartburg?

   Er übersetzte das Neue Testament aus dem Lateinischen ins Deutsche.

8. Warum ist die Übersetzung des Neuen Testaments so eine Besonderheit?

   Durch die Übersetzung hatten nun viel mehr Menschen Zugang zu den Inhalten der Bibel.

9. Was machte Martin Luther, nachdem er wieder auf freiem Fuß war?

   Martin Luther zog durchs Land und erzählte von seinen Erkenntnissen.

Gutenberg und der Buchdruck

Infotext

Buchdruck im 16. Jahrhundert

Die Zeit, in der Martin Luther lebte, war eine Zeit der Ängste, aber auch eine Zeit der Veränderungen und Entdeckungen. Eine bedeutende Erfindung war die des Buchdrucks durch Johann Gutenberg. Nun mussten Bücher nicht mehr einzeln mühevoll von Hand abgeschrieben werden, sondern konnten gesetzt und als Druck vervielfältigt werden.

Für Martin Luther war dies eine wichtige Erfindung, denn seine Erkenntnis:

„Gott liebt die Menschen, ohne dass sie etwas dazu beitragen müssen. Er nimmt sie so an, wie sie sind.“ und seine Schriften konnten dadurch überall verbreitet werden.

Arbeitsauftrag

- Lies den Infotext.
- Stell dir vor, der Buchdruck wäre nicht erfunden worden. Was würde das für uns heute bedeuten?

„Gutenberg und der Buchdruck“ – Material

Früher wurden einige Anfangsbuchstaben von Wörtern besonders schön gestaltet. Du findest hier ein Beispiel.

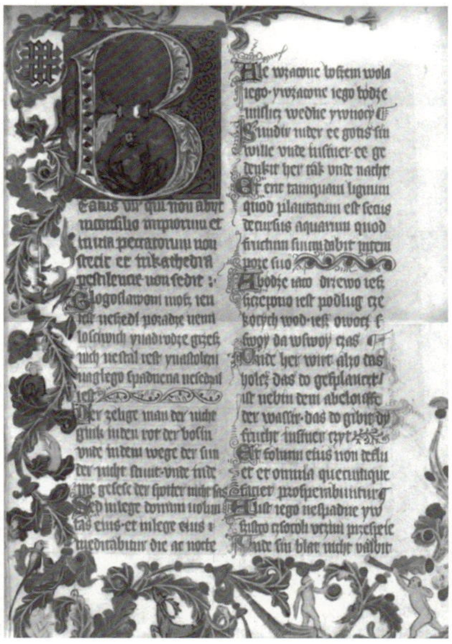

Arbeitsauftrag

- Hier hast du Platz, um Luthers wichtige Erkenntnis aufzuschreiben und zu verzieren.
- Gestalte Luthers wichtige Erkenntnis mit schön gestaltetem Anfangsbuchstaben.

Luther und seine Familie

Infotext

Luther, der als Priester eigentlich nicht heiraten durfte, heiratete 1525, mit inzwischen 41 Jahren, eine frühere Nonne. Damit waren damals viele überhaupt nicht einverstanden. Er sagte, dass in der Bibel nichts davon stehe, dass Priester nicht heiraten dürften.

Mit Katharina von Bora lebte er glücklich zusammen und sie bekamen sechs gemeinsame Kinder.

Am 18. Februar 1546 mit 63 Jahren stirbt Luther an einem Herzleiden während einer Reise in seine Geburtsstadt Eisleben.

Katharina von Bora

Arbeitsauftrag

- Male das Bild mit Luthers Familie (siehe weiteres Arbeitsblatt) an, schneide es aus und knicke den Klebefalz um. Eines der Kinder soll dich darstellen, gestalte es entsprechend.
- Klebe die „Familie“ in einen Schuhkarton. Was könnten sie gerade tun? In welcher Situation würdest du dabei sein?

Zusatzaufgabe

- Stellt euch vor, Familie Luther sitzt bei Tisch und isst zu Abend. Die Familie unterhält sich über das, was am Tag passiert ist. Übt eine Szene ein und spielt sie anschließend euren Mitschülern vor.
- Diese Fragen helfen euch: Worüber könnte Martin Luther sich aufgeregt haben? Wie reagieren seine Familienmitglieder darauf?

„Luther und seine Familie“ – Material

Der Reformationstag

Infotext

Du hast dich vielleicht schon manchmal gefragt, warum es evangelische und katholische Christen gibt und sogar in kleineren Orten manchmal zwei oder mehrere Kirchen stehen. Wie du dir vielleicht denken kannst, hängt auch das mit dem Wirken von Martin Luther und anderen Reformatoren zusammen.

Luther war mit der Kirche seiner Zeit sehr unzufrieden und wollte sie umgestalten („reformieren"). Am Reformationstag, dem Tag der Erneuerung, erinnern wir uns an ihn. Wir evangelischen Christen begehen ihn immer am 31. Oktober, denn am 31. Oktober 1517 hat Luther die 95 Thesen über den Ablass veröffentlicht. Die rasche Verbreitung dieser Thesen mittels gedruckter Flugblätter gilt als entscheidender Anstoß für die Reformation.

Doch was waren seine Thesen und was wollte Luther mit seinen Behauptungen bewirken? Luther war der Meinung, dass man sich von seinen Sündenstrafen nicht einfach freikaufen könne, sondern man sein Fehlverhalten einsehen, bereuen und Gott im Gebet um Verzeihung bitten müsse, deshalb wollte er den Ablasshandel eindämmen.

Auch die Gottesdienste wollte Luther verändern. Er wollte, dass Gottesdienste auf Deutsch und nicht (wie damals üblich) auf Lateinisch abgehaltenen wurden, denn alle Menschen sollten den Inhalt der Bibel verstehen. Außerdem meinte er, die Menschen sollten die Bibel selbst lesen, dann würden sie verstehen, dass nicht die Kirche und der Papst die Macht über das Seelenheil hätten, sondern Gott, und dass der Glaube am Wichtigsten sei. Sie sollten keine Angst mehr vor der Strafe Gottes haben. Luther zog nämlich aus der Bibel die Erkenntnis, dass Gott jedem zur Seite stehe, der ihm vertraue, selbst wenn er gesündigt habe.

Der Papst war sehr verärgert über Luthers Kritik, denn in Rom sollte damals von Einnahmen aus dem Ablasshandel eine große Kirche (der Petersdom) gebaut werden. Luther sollte daher seine Thesen vor päpstlichen Gesandten vollständig zurücknehmen. Da Luther dies nicht tat, schloss man ihn aus der Kirche aus. Das Volk aber stand größtenteils begeistert hinter Luther. Nun griff der Kaiser ein und lud Luther vor den Reichstag in Worms. Als Luther auch dort seine Thesen nicht widerrief, wurde über ihn die Reichsacht verhängt, sodass er und seine Anhänger als vogelfrei galten.

Zum Glück sorgten seine Anhänger dafür, dass Luther als „Junker Jörg" auf der Wartburg untertauchen konnte. Auch in seinem Versteck blieb Luther nicht untätig. Hier übersetzte er das Neue Testament ins Deutsche, so dass es nun für viele Menschen zugänglich war.

Luther regte viele Menschen zum Umdenken an. So kam es, dass es keine einheitliche Kirche mehr gab, sondern eine Aufspaltung in die katholische und die evangelische Kirche.

„Der Reformationstag“ – Material

Arbeitsauftrag

- Schreibe einiges, was in Martin Luthers 95 Thesen stand, in Stichworten in das Portal.

Die Lutherrose

Arbeitsauftrag

- Lies den Infotext zur Lutherrose durch.
- Male die Lutherrose, wie beschrieben, an.

Infotext

Die Lutherrose ist ein bekanntes Zeichen. Man sieht es heute noch, u.a. in evangelisch-lutherischen Kirchen. Es wurde für Martin Luther entworfen und hatte für ihn eine ganz bestimmte Bedeutung: Er wollte durch dieses Zeichen seine Glaubenslehre (Theologie) darstellen.

Der äußere Ring aus Gold bedeutet, dass das Wort Gottes immer gilt und weder Anfang noch Ende hat.

In dem Ring ist eine weiße Rose zu sehen. Sie steht dafür, dass der Glaube an Gott Freude, Trost und Frieden schenkt. Die weiße Rose befindet sich in einem himmelblauen Feld als Verweis auf Engel und die himmlische Zukunft.

Das rote Herz inmitten der Blüte steht für den Glauben als Herzenssache. Nur wer von Herzen an Gott glaubt, findet darin Freude.

Das schwarze Kreuz in der Mitte der Lutherrose erinnert an Jesus Christus. Durch Jesus wissen wir, dass Gott uns hilft, liebt und nicht im Stich lässt.

Evangelisch – katholisch

Arbeitsauftrag

- Überlegt in der Gruppe, was es für Unterschiede zwischen evangelischen und katholischen Christen gibt. Was lässt sich beispielsweise nur in einer evangelischen, was nur in einer katholischen Kirche finden?
- Tragt diese Unterschiede in die zwei Kirchen ein.

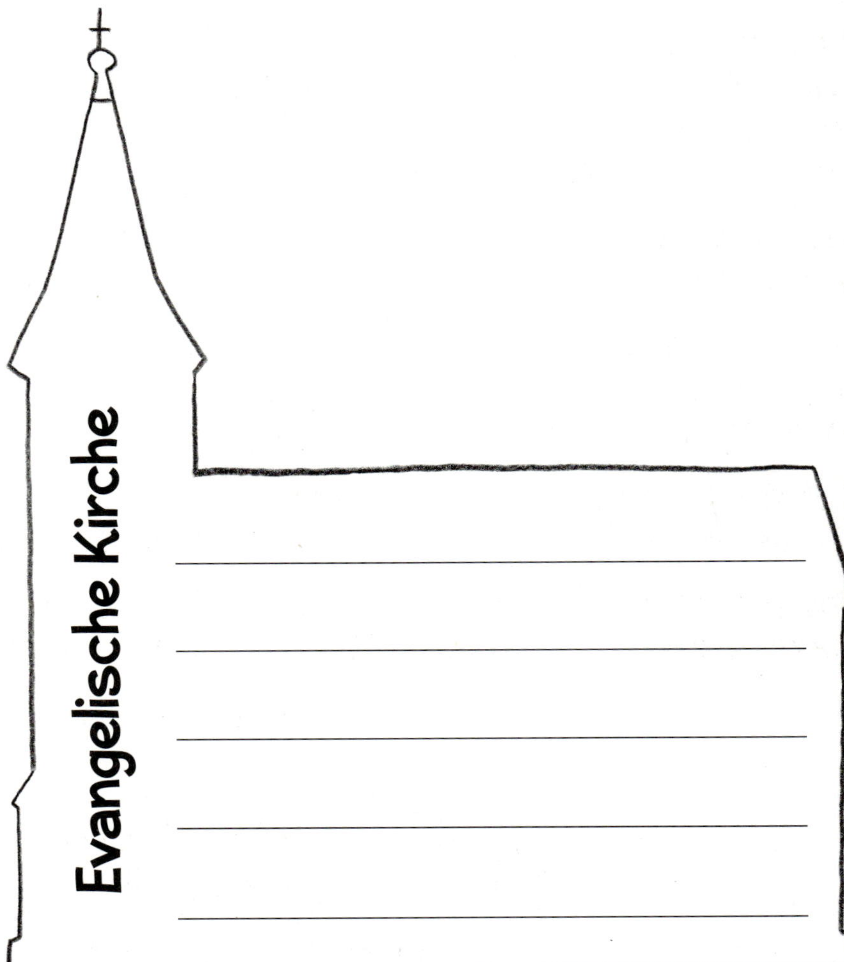

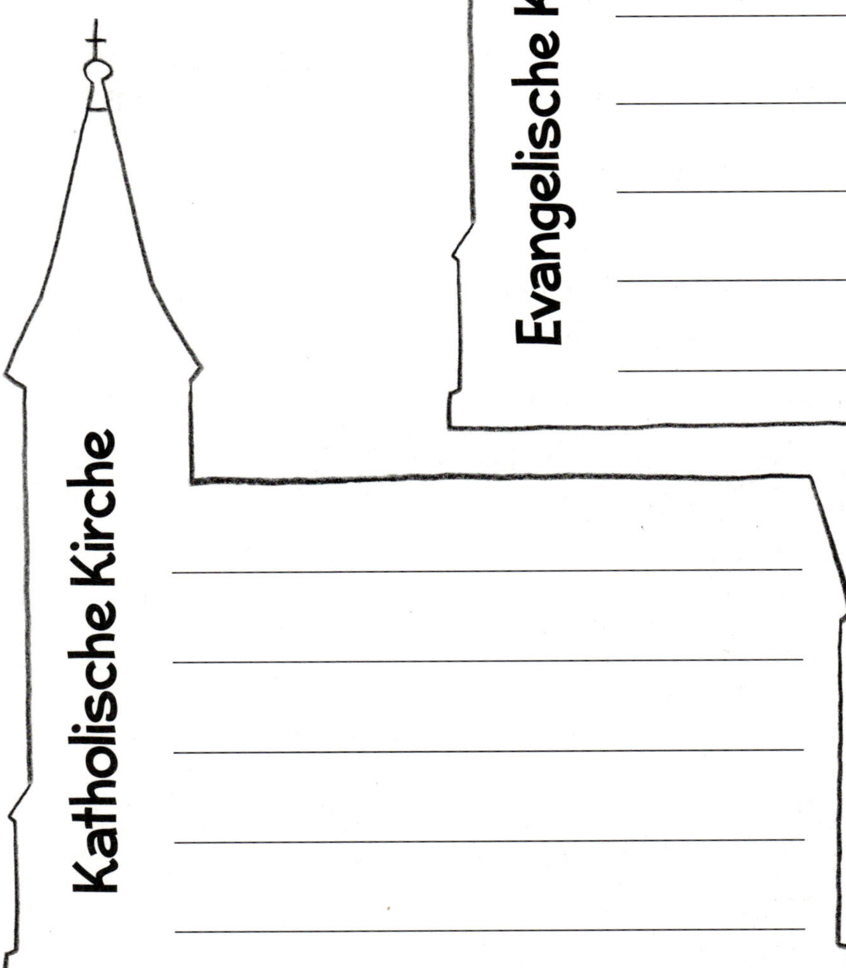

„Evangelisch – katholisch" – Infotext

Arbeitsauftrag

- Lies dir den Infotext durch.
- Setze anschließend die fehlenden Wörter in den Lückentext ein.
- Kontrolliere mit der Lösung.

Infotext

Evangelische und katholische Christen haben viele Gemeinsamkeiten. Eine grundlegende Gemeinsamkeit ist die Bibel. Außerdem sprechen alle Christen im Gottesdienst üblicherweise das Glaubensbekenntnis. Alle Christen beten das Vaterunser, egal ob sie katholisch oder evangelisch sind. Auch die Taufe – als Aufnahme-Ritus in die Gemeinde – ist für alle Christen wichtig.

Doch warum gibt es evangelische und katholische Christen? Die Spaltung gibt es jetzt seit rund 500 Jahren. Martin Luther war mit vielem, was die Kirche gemacht hat, nicht einverstanden. Er war der Meinung, dass Gott alle Menschen liebt und nicht nur die, die sich besonders für die Kirche einsetzten oder sich von ihren Sündenstrafen mit Geld freikauften. Es kam zu einem großen Streit und die Kirche spaltete sich in evangelische und katholische Christen.

Die beiden Kirchen haben einige Unterschiede. Die römisch-katholische Kirche ist eine Weltkirche, an deren Spitze der Papst in Rom steht. Die evangelischen Landeskirchen sind eher von unten nach oben organisiert und stimmen sich untereinander ab. In der römisch-katholischen Kirche können nur Männer Priester, Bischof, Kardinal oder Papst werden. In der evangelisch-lutherischen Kirche gibt es Pfarrerinnen und Pfarrer. Diese dürfen heiraten und Familien gründen. In der katholischen Kirche dagegen sollen Priester, Mönche, Nonnen usw. zölibatär leben und dürfen daher nicht heiraten.

In der evangelischen Kirche feiert man die Konfirmation und in der katholischen Kirche die Firmung. Die katholische Kirche hat im Gegensatz zur evangelischen Kirche Feiertage, die an Heilige erinnern. Aber wichtige Feste, wie Ostern und Weihnachten, feiern Christen beider Konfessionen.

Das Abendmahl wird in beiden Kirchen gefeiert, aber es gibt dabei wesentliche Unterschiede. Im Gottesdienst werden viele Lieder gesungen, in der evangelischen Kirche singt man meist Lieder aus dem „Gesangbuch". Bei den Katholiken stehen die Lieder im „Gotteslob".

Trotz vieler Unterschiede wollen die katholische und die evangelische Kirche den christlichen Glauben gemeinsam stärken. Jede Kirche hat ihre Ansichten und Standpunkte, aber in einigen Dingen wollen sie sich annähern und gemeinsame Aktionen, Gottesdienste und Feste miteinander begehen (Einschulungsgottesdienste, Weltgebetstage, ökumenische Kirchentage und -feste).

„Evangelisch – katholisch“ – Lückentext

Taufe – gespalten – Gottesdienst – Glaubensbekenntnis – evangelische – Vaterunser – Luther – Ökumene – Bibel – stärken – alle – katholische – annähern

Evangelische und katholische Christen haben viele Gemeinsamkeiten:

Für alle Christen grundlegend ist die ________________, die auch als „Buch der Bücher“ oder „Heilige Schrift“ bezeichnet wird. Außerdem sprechen katholische und evangelische Christen im ____________________________ das formelhafte ______________________________ und beten das ________________________.

Für alle Christen ist die _______________ als Aufnahme-Ritus in die Gemeinde wichtig.

Doch warum gibt es evangelische und katholische Christen? Seit nunmehr etwa 500 Jahren ist die christliche Kirche in die katholische und die evangelische Kirche __________________. Martin ______________ war mit vielem, was die Kirche seiner Zeit gemacht hat, nicht einverstanden. Er war der Meinung, dass Gott ____________ Menschen liebt und nicht nur die, die sich besonders für die Kirche einsetzten oder sich von ihren Sündenstrafen mit Geld freikauften.

Es kam zu einem großen Streit und die Kirche spaltete sich in ______________________ und ______________________ Christen. Jede Kirche hat ihre Standpunkte. Doch trotz aller Unterschiede wollen die Kirchen sich in einigen Dingen einander _________________ und den christlichen Glauben gemeinsam ______________. Das nennt man ___________________.

„Evangelisch – katholisch“ – Lösung zum Lückentext

Evangelische und katholische Christen haben viele Gemeinsamkeiten:

Für alle Christen grundlegend ist die *Bibel*, die auch als „Buch der Bücher“ oder „Heilige Schrift“ bezeichnet wird. Außerdem sprechen katholische und evangelische Christen im *Gottesdienst* das formelhafte *Glaubensbekenntnis* und beten das *Vaterunser*.

Für alle Christen ist die *Taufe* als Aufnahme-Ritus in die Gemeinde wichtig.

Doch warum gibt es evangelische und katholische Christen? Seit nunmehr etwa 500 Jahren ist die christliche Kirche in die katholische und die evangelische Kirche *gespalten*. Martin *Luther* war mit vielem, was die Kirche seiner Zeit gemacht hat, nicht einverstanden. Er war der Meinung, dass Gott *alle* Menschen liebt und nicht nur die, die sich besonders für die Kirche einsetzten oder sich von ihren Sündenstrafen mit Geld freikauften.

Es kam zu einem großen Streit und die Kirche spaltete sich in *evangelische* und *katholische* Christen. Jede Kirche hat ihre Standpunkte. Doch trotz aller Unterschiede wollen die Kirchen sich in einigen Dingen einander *annähern* und den christlichen Glauben gemeinsam *stärken*. Das nennt man *Ökumene*.

Ökumene

Infotext

Katholische und evangelische Christen haben viele Gemeinsamkeiten. Diese sind wichtig und werden auch gemeinsam erlebt. Den ökumenischen Gottesdienst feiern nämlich evangelische und katholische Christen gemeinsam.

Das Wort Ökumene stammt aus dem Griechischen: „Oĩkos“ bedeutet „Haus“. Es geht um die Gemeinsamkeiten der beiden Konfessionen und die Überwindung konfessioneller Unterschiede. Typische ökumenische Gottesdienste sind z. B. der gemeinsame Einschulungsgottesdienst, der ökumenische Erntedankgottesdienst und der Weltgebetstag.

Die Bibel ist die gemeinsame Grundlage aller christlichen Kirchen und auch das Gebet „Vaterunser“ verbindet katholische und evangelische Christen miteinander.

Ökumene bedeutet nicht, dass sich die verschiedenen Kirchen wieder zu einer verbinden, denn das würde nicht funktionieren. Jede Kirche behält ihre eigenen Standpunkte, ist aber bereit, auf die andere zuzugehen. Die Kirchen lernen voneinander.

Evangelisch – ökumenisch – katholisch

Arbeitsauftrag

- Schneide die Kärtchen aus.
- Was haben die beiden christlichen Kirchen gemeinsam. Was trennt sie? Ordne die Begriffe in die Tabelle ein.
- Kontrolliere mit der Lösung.

Was fällt dir bei der ausgefüllten Tabelle auf?

____

____

____

____

Zusatzaufgabe:

- Plant und gestaltet einen ökumenischen Gottesdienst.
- Ihr könnt auch ein ökumenisches Fest feiern.

Vaterunser	**Weihwasser**	**Jesus Christus**
Konfirmation	**Bibel**	**Papst**
Einfach gehaltene Kirchen	**Die Zehn Gebote**	**Gott**
Erstkommunion	**Pfarrer/in (darf heiraten)**	**Priester (männlich, ledig)**
Taufe	**Reich verzierte Kirchen**	**Gottesdienst**

„Evangelisch – ökumenisch – katholisch“ – Material

Evangelisch	Ökumenisch (Gemeinsamkeiten beider Konfessionen)	Katholisch

Lösung

Evangelisch: Konfirmation, Pfarrer/in (darf heiraten), einfach gehaltene Kirchen

Ökumenisch: Vaterunser, Bibel, Gott, Jesus Christus, Taufe, die Zehn Gebote, Gottesdienst

Katholisch: Erstkommunion, Papst, Weihwasser, Priester (männlich, ledig), reich verzierte Kirchen

Die Lutherrose

Arbeitsauftrag

- Schneide die Bilder von Luther, seinen Familienangehörigen und dem Wittenberger Kirchenportal aus.
- Nimm das zweite Blatt mit der Lutherrose und klebe die Bilder in die linken Hälften der fünf Blütenblätter.
- In die rechten Hälften der Blütenblätter trage jeweils einen passenden Merksatz ein.

„Die Lutherrose" – Material

Tagebucheintrag: „Ein besonderer Tag“

Arbeitsauftrag

- Stelle dir vor, du wärest Martin Luther.
- Wähle einen wichtigen Tag aus Luthers Leben aus.
- Schreibe darüber einen Tagebuch-Eintrag in Ich-Form.

Mögliche Themen:

- Der Tag als Luther beschloss, Mönch zu werden
- Versteck auf der Burg
- Luthers Hochzeitstag
- Luther vor dem Kaiser

Nicole Weber: Lernstationen Religion: Martin Luther

Steckbrief zu Martin Luther

Name: ______________________________

Geburtsdatum: __________ Geburtsort: ______________

Name des Vaters: ______________________________

Name der Mutter: ______________________________

Wohnort während der ersten Lebensjahre: ______________________________

Schulorte: ______________________________

Studienort: ______________________________

Ereignis, was Luther dazu bewegte, ins Kloster zu gehen:

____

____

Wichtigste Erkenntnis: ______________________________

Veröffentlichung seiner Erkenntnis: ______________________________

____

____

Aufenthalt auf der Wartburg: ______________________________

____

____

Frau: ______________________________

Familie/Kinder: ______________________________

Gestorben am: ______________________________

Gestorben in: ______________________________

Lösung:

Steckbrief zu Martin Luther

Name: Martin Luther

Geburtsdatum: 10.11.1483 Geburtsort: Eisleben

Name des Vaters: Hans

Name der Mutter: Margarethe

Wohnort während der ersten Lebensjahre: Mansfeld

Schulorte: Mansfeld, Magdeburg, Eisenach

Studienort: Erfurt

Ereignis, was Luther dazu bewegte, ins Kloster zu gehen:

Luther erlebte ein schweres Gewitter, rief in seiner Not eine Heilige an, überstand das Gewitter unbeschadet und fühlte sich von Gott errettet.

Wichtigste Erkenntnis: Luther fand heraus, dass Gott wie ein gütiger Vater ist.

Veröffentlichung seiner Erkenntnis: Luther veröffentlichte 95 Thesen in Wittenberg (der Legende nach schlug er sie eigenhändig an die Schlosskirche zu Wittenberg an).

Aufenthalt auf der Wartburg: Luther als „Junker Jörg", um sich vor der Reichsacht, die über ihn verhängt wurde, zu schützen. Luther übersetzte hier das Neue Testament.

Frau: Katharina von Bora

Familie/Kinder: sechs gemeinsame Kinder mit Katharina von Bora

Gestorben am: 1546

Gestorben in: seiner Geburtsstadt Eisleben

Luther-Rätsel

Arbeitsauftrag

- Löse das Rätsel. Wie lautet das Lösungswort?
- Kontrolliere mithilfe der Lösungsseite.

1 In welcher Stadt hat Luther die 95 Thesen veröffentlicht?
2 Wo wurde Martin Luther geboren?
3 Da Luther seine Kritik an der Kirche nicht widerrief, wurde die Reichsacht über ihn verhängt und er galt als …
4 Was war Katharina von Bora gewesen, bevor sie Luther heiratete?
5 Wie hieß die Burg, auf der sich Luther als Junker Jörg versteckt hielt?
6 Luther übersetzte das Neue … ins Deutsche.
7 Welche Einnahmemöglichkeit der damaligen Kirche bemängelt Luther in seinen 95 Thesen?
8 Wer erfand den Buchdruck?
9 Viele Stunden verbrachte Luther damit, in der … zu lesen.
10 So heißt das Zeichen, das Luthers Glauben darstellt: …
11 Luther lebte eine Zeit lang als ... im Kloster.

Lösungswort
Fachbegriff für die kirchliche Erneuerungsbewegung (zwischen 1517 und 1648), die zur Spaltung der christlichen Kirche führte?

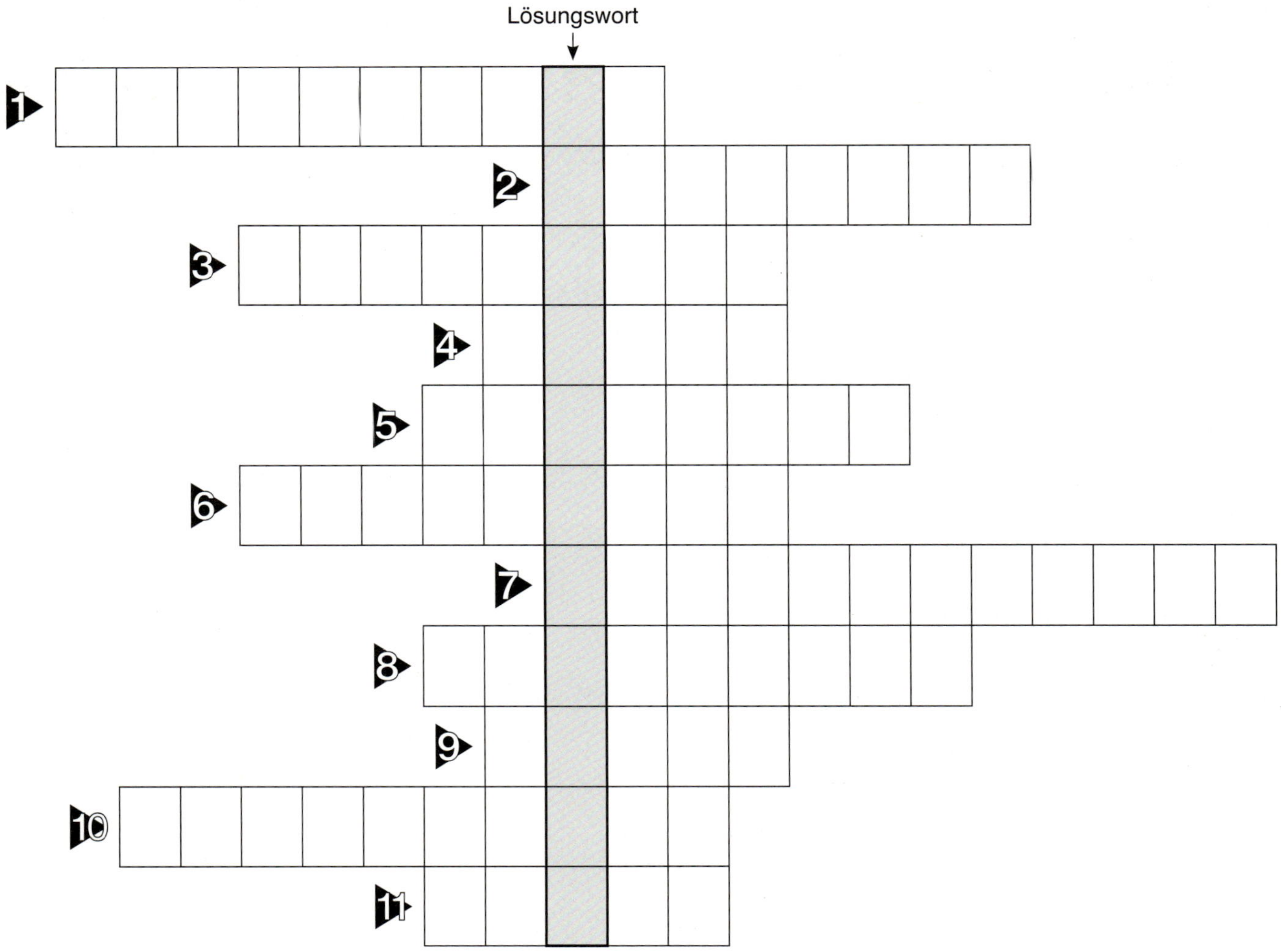

„Luther-Rätsel“ – Lösung

Lösungswort ↓

1. W I T T E N B E **R** G
2. **E** I S L E B E N
3. V O G E L **F** R E I
4. N **O** N N E
5. W A **R** T B U R G
6. T E S T A **M** E N T
7. **A** B L A S S H A N D E L
8. G U **T** E N B E R G
9. B **I** B E L
10. L U T H E R R **O** S E
11. M Ö **N** C H

Luthers Leben in Text und Bild

Arbeitsauftrag

- Lies dir die einzelnen Texte durch und male jeweils ein passendes Bild dazu.
- Bringe Texte und Bilder in die richtige Reihenfolge.

Die Kirche verkaufte Ablassbriefe, mit denen man sich (angeblich) von seinen Sündenstrafen freikaufen konnte, aber damit war Luther nicht einverstanden. Er fand heraus, dass Gott wie ein gütiger Vater ist.	
Geboren wurde Martin Luther am 10.11.1483 in Eisleben. Hans und Margarethe waren seine Eltern. Sie waren sehr streng.	
Nachdem der Kaiser Martin Luther für vogelfrei erklärt hatte, wurde Luther zum Schein überfallen, auf die Wartburg gebracht und dort versteckt. Er hieß dort Junker Jörg.	
Zuerst ging Martin Luther auf die Lateinschule in Mansfeld. Dann ging er ein Jahr lang in Magdeburg und anschließend in Eisenach zur Schule. Er war ein sehr fleißiger Schüler.	

Sein Vater wollte, dass Martin Luther Rechtswissenschaften studierte. Aber Martin entschied sich, nachdem er bei einem bedrohlichen Gewitter die Heilige Anna um Hilfe angefleht und ihr versprochen hatte, Mönch zu werden, sein Versprechen einzulösen und ging ins Kloster.	
Auf der Wartburg übersetzte Martin Luther das Neue Testament ins Deutsche. Nun konnten alle Menschen die Bibel lesen und Gottes Wort verstehen.	
Natürlich waren nicht alle mit Luthers Erkenntnissen einverstanden, darum sollte er sie widerrufen. Auch auf dem Reichstag zu Worms wurde er dazu aufgefordert, aber er lehnte ab.	
Luther schrieb 95 Thesen gegen den Ablasshandel auf, die sich schnell weiterverbreiteten.	

Luther-Akrostichon

G anz kurz können sie sein.

E igentlich lese ich sie gerne.

D ichter geben in ihnen ihre Gedanken wieder.

I ch fühle ihre Stimmungen.

C hancen, sie zu verstehen, haben wir genug.

H auptsache, wir zerreden sie nicht.

T räume werden sonst zerstört.

Arbeitsauftrag

- Dieses Gedicht wird Akrostichon genannt. Lies es dir durch.
- Schreibe die Buchstaben des Wortes „Luther" untereinander auf. Die Buchstaben geben den Anfang eines neuen Wortes oder Satzes vor. Schreibe nun ein Gedicht über ihn.
- Lies dein Gedicht einem Partner vor.

Luther-Spiel

Spielvorbereitung

- Klebe beide Seiten aneinander.
- Wenn du willst, kannst du den Spielplan bunt anmalen und laminieren.
- Zum Spielen brauchst du Spielsteine, einen Würfel und Mitspieler.

Spielregeln

① Würfle! Wenn du auf ein Fragefeld kommst, beantworte die Frage. Bei richtiger Antwort darfst du auf dem Feld stehen bleiben. Bei falscher Antwort musst du auf das Feld zurückkehren, von dem du gerade gekommen bist.

② Auf den Leer-Feldern darfst du verweilen, ohne Fragen beantworten zu müssen.

③ Auf den Trumpf- und Niederlage-Feldern, folge den Anweisungen.

④ Wer zuerst das Ziel erreicht, hat gewonnen.

Start	Martin Luther entdeckt, dass Gott wie ein gütiger … ist.	Wohin geht Luther nach seinem Gewitter-Erlebnis?	Wer hat den Buchdruck erfunden?
Niederlage Du bekommst als Anhänger Luthers Ärger. **Gehe zurück auf Start!**	Was hat Martin Luther in Wittenberg veröffentlicht?	**Trumpf** Du hilfst beim Setzen der Buchstaben in der Druckerei. **Rücke zwei Felder vor!**	Wie war Martin Luther als Schüler?
Katharina von Bora war … bevor sie Luther heiratete.	Wie heißt das Zeichen, das Luthers Glaubenslehre symbolisiert?	Was feiern die evangelischen Christen jedes Jahr am 31. Oktober?	**Niederlage** Du hast beim Setzen geholfen und dabei ein paar Buchstaben vergessen. **Setze einmal aus!**

Klebestreifen

Wo werden noch heute Lieder von Martin Luther gesungen?	In welcher Stadt starb Martin Luther?	Was hat Martin Luther auf der Wartburg übersetzt?	**Niederlage** Luthers Thesen stiften Unruhe im Volk. Darüber ist Luther sehr traurig. **Gehe zwei Felder zurück!**
Wo wurde Martin Luther geboren?	Mit welchem Trick wird Luther vor seinen Feinden geschützt?	**Trumpf** Martin Luther nimmt den Menschen die Angst vor Gott. **Würfle nochmal!**	
Wie hieß Luthers Frau?	In welcher Stadt fand der Reichstag statt?	Wann wurde Martin Luther geboren?	
Trumpf Du hilfst Martin beim Übersetzen der Bibel. **Rücke drei Felder vor!**	Was hat Martin Luther im Kloster oft gemacht?	Was hätte Luther studieren sollen, wäre es nach seinem Vater gegangen?	Auf welcher Burg arbeitete Luther als Junker Jörg?
Wie viele Thesen hat Martin Luther in Wittenberg veröffentlicht?	Was war Luthers wichtigste Erkenntnis?	**Niederlage** Du hast dein Gesangbuch in der Kirche vergessen. **Setze einmal aus!**	**Ziel**

Martin Luther und die Musik

Arbeitsauftrag

- Lies dir zuerst den kurzen Infotext durch.
- Suche dann die angegebenen Lieder im Gesangbuch heraus und wähle eines davon aus.
- Schreibe die erste Strophe des Liedes in die Mitte eines weißen Blattes und gestalte es als Liedblatt. Fertige dazu Zeichnungen an, verwende passende Farben oder lege einen schönen Rahmen an.

Infotext

Martin Luther liebte die Musik. Für ihn war Musik sehr wichtig. Er konnte gut singen und beherrschte die Laute – ein Zupfinstrument ähnlich wie eine Gitarre.

Er hat viele Lieder selbst geschrieben. Einige davon stehen in unserem Gesangbuch. So singen wir noch heute Lieder, die Martin Luther einst gedichtet und komponiert hat.

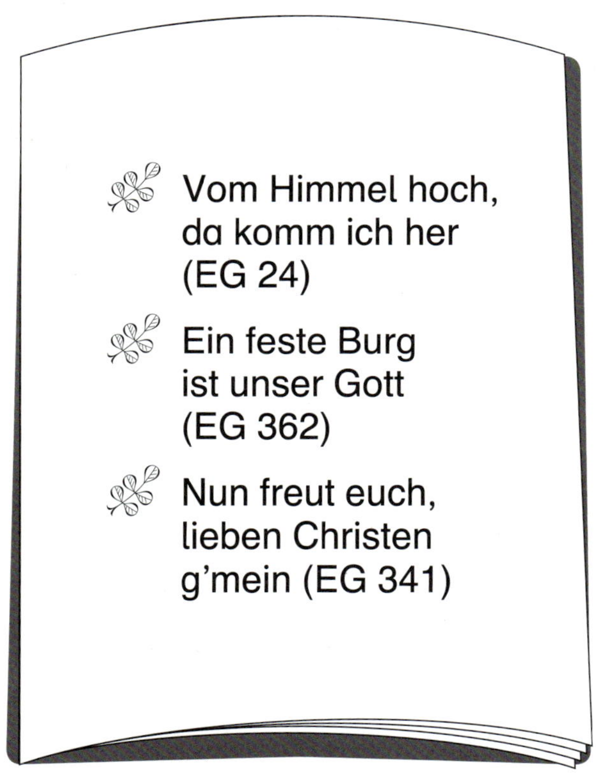

Martini-Lieder

Infotext

Noch heute denken wir an Martin Luthers gute Taten. In einigen lutherisch geprägten Gegenden findet jedes Jahr am 10. November das Martini-Singen statt.

Einen Tag vor dem Martinstag (am 11.11.), an dem sich die katholischen Christen an Sankt Martin erinnern, wird mit „Martini“ an Martin Luther erinnert. An diesem Tag ziehen Kinder mit Laternen von Haus zu Haus und singen Martini-Lieder. Dafür erhalten sie Süßigkeiten.

Du findest hier zwei Martini-Lieder:

Zu Eisleben ward uns geboren ein Mann

(Nach der Melodie von: „Ich hab' mich ergeben“)

Zu Eisleben ward uns geboren ein Mann.
Lasst heut uns daran denken,
was Gott durch ihn getan (2×).

Er zündete an, ein gar herrliches Licht.
Und wär er nicht gekommen,
hätt'st du die Bibel nicht (2×).

In Irrtum und Wahnglaub'n lag damals die Welt.
Da kämpft er mit dem Papste
zu Rom als tapfrer Held (2×).

Martinus Luther war ein Christ

(Nach der Melodie von:
„Üb' immer Treu und Redlichkeit")

Martinus Luther war ein Christ,
ein glaubensstarker Mann.
Weil heute sein Geburtstag ist,
zünd' ich mein Lichtlein an.

Und sing ein Lied nach altem Brauch
aus voller Brust heraus.
So singend zog Martinus auch
als Kind von Haus zu Haus.

Und als geworden er ein Mann,
war er ein helles Licht.
Dies deutet auch mein Lichtlein an,
wenn es die Nacht durchbricht.

Wenn die Kinder am 10. November von Haus zu Haus ziehen und Lieder über Martin Luther singen, halten sie oftmals selbst gebastelte Laternen in den Händen.

Bastelanleitung für eine Laterne

Du brauchst

- einen Luftballon, kleine Schnipsel aus Transparentpapier,
- Tapetenkleister, Draht, Laternenstab, Kerze und Befestigung

① Beklebe den aufgeblasenen Luftballon mit den kleinen Schnipseln aus Transparentpapier.

② Wenn der Leim getrocknet ist, schneide oben in den Ballon ein Loch und befestige einen Draht als Halterung für den Laternenstab.

③ Male deine Laterne schön bunt an.

④ Nun bring den Laternenstab an, befestige noch eine Kerze am Boden der Laterne und los gehts!

Martinsgänse

Infotext

Wie du bereits erfahren hast, wird am 10. November in einigen Gegenden zur Erinnerung an Martin Luther Martini gefeiert. Das Fest findet einen Tag vor dem Martinstag statt.

Am Martinstag werden in einigen Dörfern und Städten „Martinsgänse“ gebacken und an die Kinder verteilt.

Da Martin Luther von seinen Eltern nach dem heiligen Martin benannt wurde, können auch zum Martini-Fest „Martinsgänse“ gebacken werden.

Rezept für „Martinsgänse“

Zutaten

6 Essl. Öl
6 Essl. Milch
130 g Quark
80 g Zucker
1 Packung Vanillezucker
1 Packung Backpulver
300 g Mehl

① Aus den Zutaten einen Teig kneten.

② Auf Papier Martinsgänse aufmalen, ausschneiden, auf den ausgerollten Teig legen und mit einem Messer umfahren. Papier anschließend entfernen.

③ Martinsgänse bei 180 Grad, 15–20 Minuten backen.

Lernzielkontrolle

Name: ______________________________ **Datum:** ______________

1. Wo wurde Martin Luther geboren?

____

2. Was sollte Martin Luther, wenn es nach seinem Vater gegangen wäre, studieren?

____

3. Welches Ereignis hat ihn dazu gebracht, ein Mönch zu werden?

____

4. Was hat er dann im Kloster studiert?

____

5. Wovor hatten die Menschen zur Zeit Luthers große Angst?

____

6. Die Menschen glaubten, durch bestimmte Handlungen errettet zu werden.

   Nenne drei Handlungen: ______________________________

____

____

7. Was war Luthers große Erkenntnis?

Erkläre: ____

____

____

8. Luther hat seine neuen Erkenntnisse veröffentlicht. Wie werden die Sätze genannt, die Luther aufgeschrieben hatte und der Legende nach persönlich an die Tür der Schlosskirche in Wittenberg angeschlagen haben soll?

____

9. Luther wurde vom Kaiser für ____________________ erklärt und musste daher flüchten.

Er versteckte sich auf der ____________________ und wurde dort

______________________________ genannt.

10. Luther übersetze dort das ______________________________, damit die Menschen, die kein Latein konnten, es auf Deutsch lesen konnten.

Außerdem schrieb er viele ____________________, die noch heute im Gottesdienst gesungen werden.

11. Wir feiern zur Erinnerung an Martin Luther am 31. Oktober eines jeden Jahres den

____

Meine Projektmappe zum Thema

„Martin Luther"

Name: ______________________________

Urkunde

hat an der Unterrichtseinheit
„Martin Luther“
mit großem Erfolg teilgenommen.

Ort und Datum

Unterschrift

Blanko-Laufzettel

Name: ______________________________

Station	erledigt (Unterschrift)

Quellenverzeichnis

Die 95 Thesen © Fewskulchor, Wikimedia Commons. Diese Datei ist unter der Creative Commons-Lizenz Namensnennung-Weitergabe unter gleichen Bedingungen 3.0 Deutschland lizenziert.
http://upload.wikimedia.org/wikipedia/commons/4/4a/95Thesen2390.JPG?uselang=de

Die Lutherrose © Dubaduba, Wikimedia Commons. Diese Datei ist unter der Creative Commons-Lizenz Namensnennung-Weitergabe unter gleichen Bedingungen 3.0 Deutschland lizenziert.
http://upload.wikimedia.org/wikipedia/commons/thumb/a/ab/Lutherrose.svg/2000px-Lutherrose.svg.png

Hans und Margarethe Luther © Lucas Cranach the Elder, Wikimedia Commons. Wikimedia Commons. Diese Datei ist unter der Creative Commons-Lizenz Namensnennung-Weitergabe unter gleichen Bedingungen 3.0 Deutschland lizenziert.
http://upload.wikimedia.org/wikipedia/commons/0/00/Hans_and_Magrethe_Luther.jpg

Katharina von Bora © Lucas Cranach the Elder, Wikimedia Commons. Wikimedia Commons. Diese Datei ist unter der Creative Commons-Lizenz Namensnennung-Weitergabe unter gleichen Bedingungen 3.0 Deutschland lizenziert.
http://upload.wikimedia.org/wikipedia/commons/1/1e/Katharina-v-Bora-1526-1.jpg

Lutherrose © Epiphyllumlover, Wikimedia Commons. Wikimedia Commons. Diese Datei ist unter der Creative Commons-Lizenz Namensnennung-Weitergabe unter gleichen Bedingungen 3.0 Deutschland lizenziert.
http://upload.wikimedia.org/wikipedia/commons/4/4c/LutherRose.jpg

Martin Luther © Lucas Cranach the Elder, Wikimedia Commons. Diese Datei ist unter der Creative Commons-Lizenz Namensnennung-Weitergabe unter gleichen Bedingungen 3.0 Unported lizenziert.
http://upload.wikimedia.org/wikipedia/commons/b/b0/Martin_Luther_by_Lucas_Cranach_der_%C3%84ltere.jpeg

Martin Luther als Junker Jörg © Lucas Cranach the Elder, Wikimedia Commons. Wikimedia Commons. Diese Datei ist unter der Creative Commons-Lizenz Namensnennung-Weitergabe unter gleichen Bedingungen 3.0 Deutschland lizenziert.
http://upload.wikimedia.org/wikipedia/commons/7/71/Junker-J%C3%B6rg-ML.jpg?uselang=de

Verzierter Buchstabe
A leaf from the „Florian's Psalter".
Wikimedia Commons. Diese Datei ist unter der Creative Commons-Lizenz Namensnennung-Weitergabe unter gleichen Bedingungen 3.0 Deutschland lizenziert.
http://commons.wikimedia.org/wiki/File:Psa%C5%82terz_florianski1.jpg)